AF201156

Impressum
Verlag: BABADADA GmbH, Nedderfeld 112 , 22529 Hamburg
Geschäftsführer / Verlagsleitung: Harald Hof
Druck: Books on Demand GmbH, In de Tarpen 42, 22848 Norderstedt

Imprint
Publisher: BABADADA GmbH, Nedderfeld 112 , 22529 Hamburg, Germany
Managing Director / Publishing direction: Harald Hof
Print: Books on Demand GmbH, In de Tarpen 42, 22848 Norderstedt

sekolah

школа

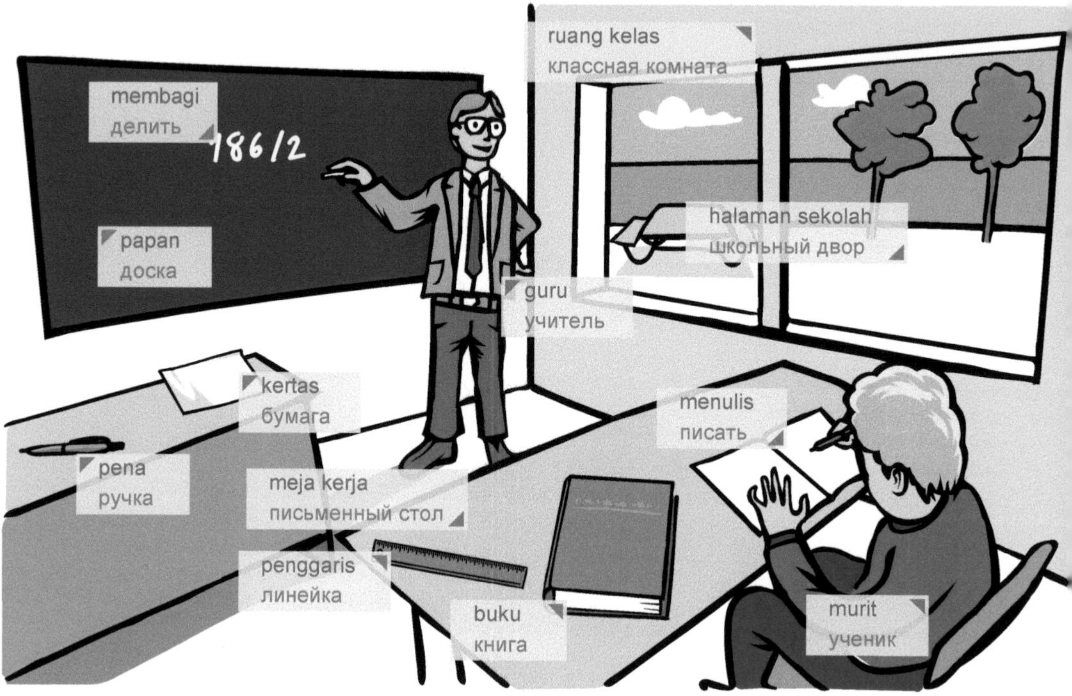
ruang kelas
классная комната
membagi
делить
186/2
papan
доска
halaman sekolah
школьный двор
guru
учитель
kertas
бумага
menulis
писать
pena
ручка
meja kerja
письменный стол
penggaris
линейка
buku
книга
murit
ученик

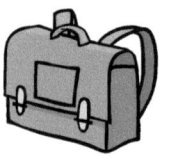

tas sekolah

ранец

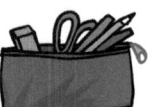

tempat pensil

пенал

pensil

карандаш

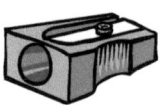

pengasah pensil

точилка

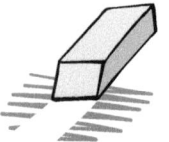

penghapus

ластик

kertas gambar

альбом для рисования

gambar

рисунок

kuas

кисточка

kotak cat

коробка красок

gunting

ножницы

lem

клей

buku latihan

тетрадь

pekerjaan rumah

домашняя работа

angka

цифра

tambhakan

прибавлять

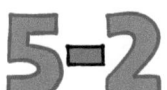

mengurangi

вычитать

mengalikan

умножать

menghitung

считать

huruf

буква

alfabet

алфавит

kata

слово

teks

текст

membaca

читать

kapur

мел

pelajaran

урок

daftar

классный журнал

ujian

экзамен

sertifikat

диплом

seragam sekolah

школьная форма

pendidikan

образование

ensiklopedi

энциклопедия

universitas

университет

mikroskop

микроскоп

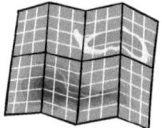

peta

карта

tempat sampah

корзина для бумаг

perjalanan
путешествие

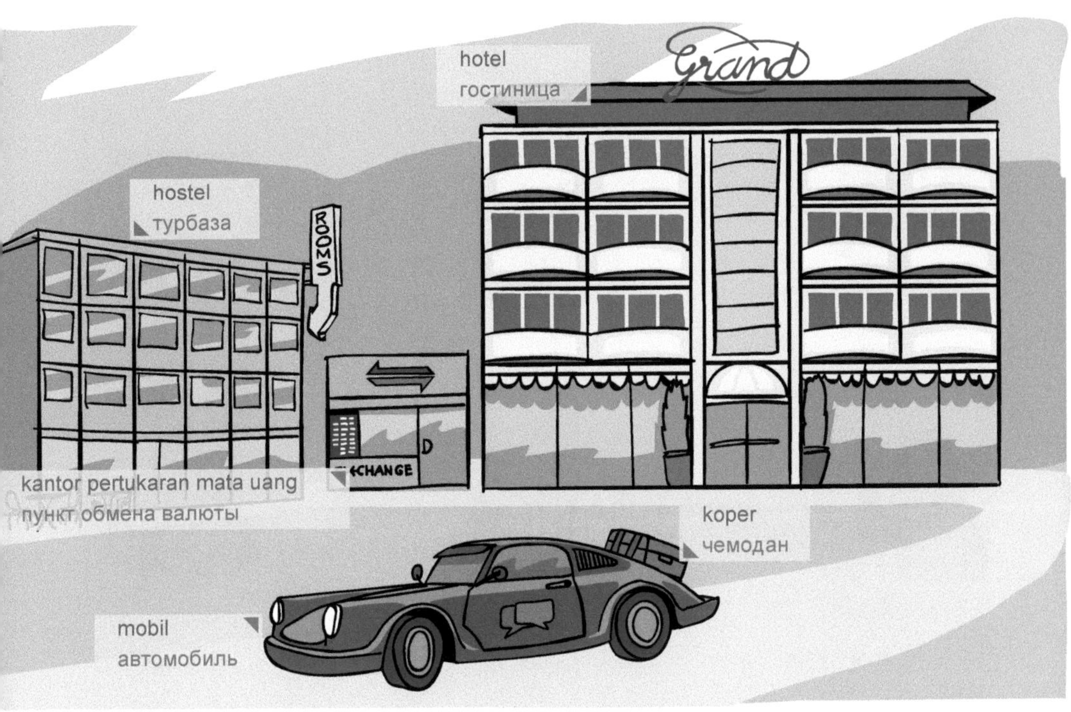
hotel
гостиница
Grand
hostel
турбаза
ROOMS
kantor pertukaran mata uang
пункт обмена валюты
koper
чемодан
mobil
автомобиль

bahasa
язык

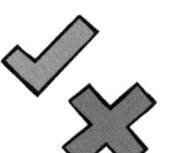

ya / tidak
да / нет

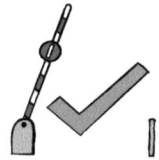

okay
хорошо

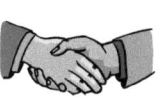

hallo
Привет

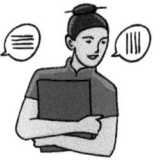

penerjemah
переводчик

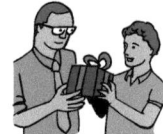

terima kasih
Спасибо

Berapa harganya…?

Сколько стоит…?

saya tidak mengerti

Я не понимаю

masalah

проблема

Selamat malam!

Добрый вечер!

Selamat siang!

Доброе утро!

Selamat tidur!

Доброй ночи!

sampai jumpa

До свидания

arah

направление

bagasi

багаж

tas

сумка

ransel

рюкзак

tamu

гость

ruang

комната

kantong tidur

спальный мешок

tenda

палатка

informasi wisata

туристическая
информация

pantai

пляж

kartu kredit

кредитная карточка

sarapan

завтрак

makan siang

обед

makan malam

ужин

tiket

билет

elevator

лифт

perangko

почтовая марка

perbatasan

граница

cukai

таможня

kedutaan

посольство

visa

виза

paspor

паспорт

transportasi
транспорт

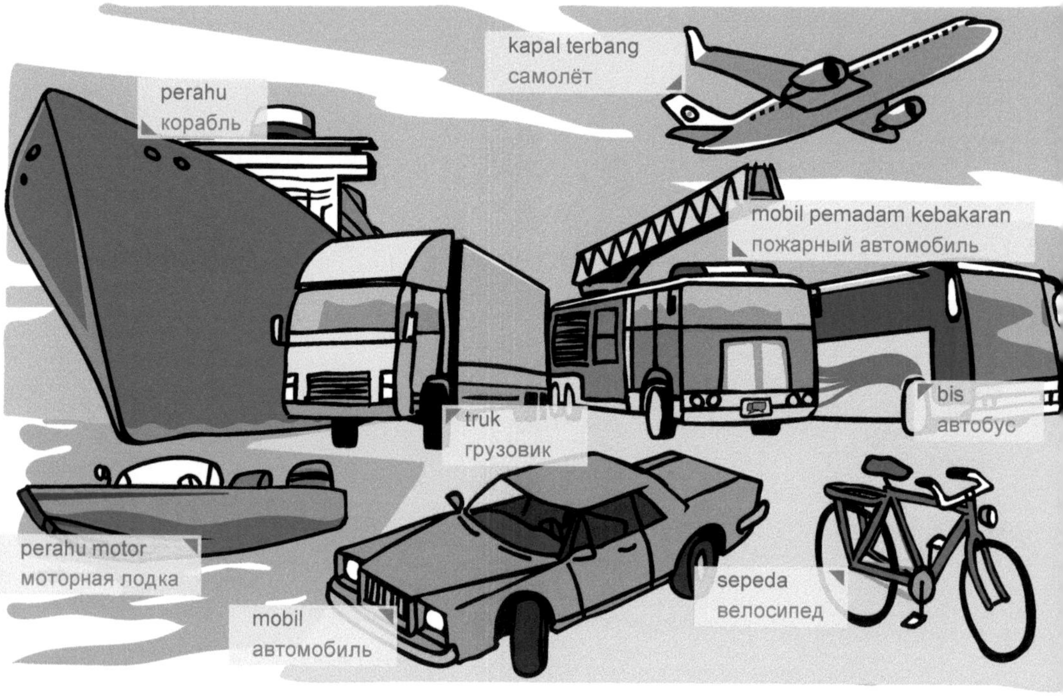
kapal terbang
самолёт
perahu
корабль
mobil pemadam kebakaran
пожарный автомобиль
bis
автобус
truk
грузовик
perahu motor
моторная лодка
sepeda
велосипед
mobil
автомобиль

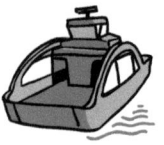

feri

паром

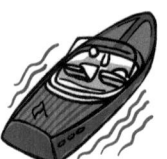

perahu

лодка

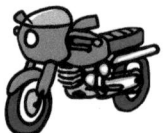

sepeda motor

мотоцикл

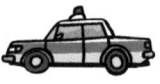

mobil polisi

полицейский автомобиль

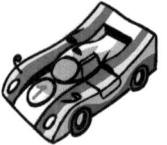

mobil balapan

гоночный автомобиль

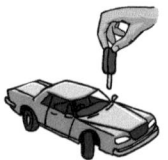

mobil sewa

арендованный автомобиль

berbagi mobil

совместное пользование
автомобилями

truk derek

буксировочный
автомобиль

truk sampah

мусоровоз

motor

двигатель

bahan bakar

топливо

bensin

заправка

tanda lalulintas

дорожный знак

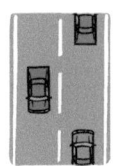

lalulintas

движение

macet

пробка

parkir mobil

автостоянка

stasiun kereta

вокзал

trek

рельсы

kereta api

поезд

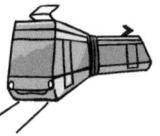

tram

трамвай

gerobak

вагон

helikopter

вертолёт

bendara

аэропорт

menara

вышка

penumpang

пассажир

container

контейнер

karton

коробка

troli

тележка

keranjang

корзина

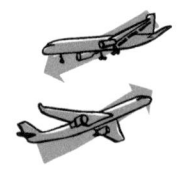

berangkat / mendarat

взлетать / приземляться

kota

город

desa

деревня

pusat kota

центр города

rumah

дом

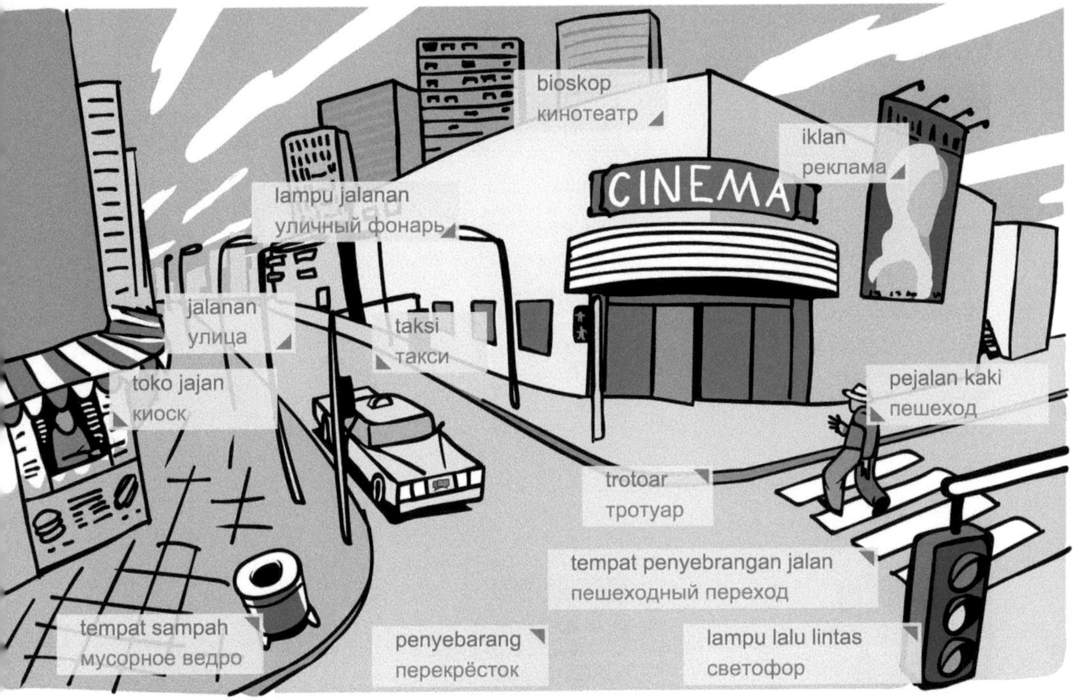

bioskop
кинотеатр
iklan
реклама
CINEMA
lampu jalanan
уличный фонарь
jalanan
улица
taksi
такси
toko jajan
киоск
pejalan kaki
пешеход
trotoar
тротуар
tempat penyebrangan jalan
пешеходный переход
tempat sampah
мусорное ведро
penyebarang
перекрёсток
lampu lalu lintas
светофор

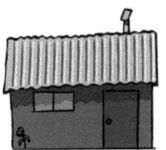

gubuk

хижина

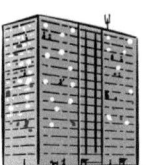

rumah flat

квартира

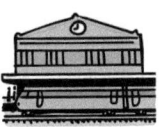

stasiun kereta

вокзал

balai kota

ратуша

MUSEUM

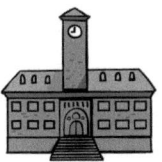

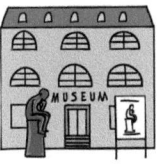

museum

музей

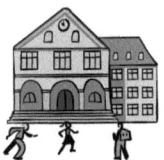

sekolah

школа

universitas
университет

bank
банк

rumah sakit
больница

hotel
гостиница

farmasi
аптека

kantor
офис

toko buku
книжный магазин

toko
магазин

toko bunga
цветочный магазин

supermarket
супермаркет

pasar
рынок

toko serba ada
универмаг

nelayan
торговец рыбой

pusat belanja
торговый центр

pelabuhan
порт

taman

парк

banku

скамейка

jembatan

мост

tangga

лестница

kereta bawah tanah

метро

terowongan

тоннель

pemberhantian bis

автобусная остановка

bar

бар

restauran

ресторан

kotak surat

почтовый ящик

tanda jalan

табличка с названием улицы

meteran parkir

паркометр

kebun binatang

зоопарк

kolam renang

бассейн

mesjid

мечеть

pertanian

ферма

polusi

загрязнение окружающей среды

kuburan

кладбище

gereja

церковь

tempat bermain

детская площадка

pura

храм

pemandangan
ландшафт

daun
лист

penunjuk arah
дорожный указатель

jalanan
дорога

padang rumput
луг

batu
камень

pejalak kaki
путешественник

pohon
дерево

sungai
река

rumput
трава

bunga
цветок

lembah
долина

bukit
гора

danau
озеро

hutan
лес

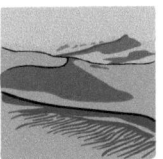

padang gurun
пустыня

gunung berapi
вулкан

istana
замок

pelangi
радуга

jamur
гриб

pohon palem
пальма

nyamuk
комар

lalat
муха

semut
муравей

lebah
пчела

laba-laba
паук

kumbang

жук

kodok

лягушка

tupai

белка

landak

еж

kelinci

заяц

burung hantu

сова

burung

птица

angsa

лебедь

babi jantan

кабан

rusa

олень

rusa

лось

bendungan

плотина

turbin angin

ветряной генератор

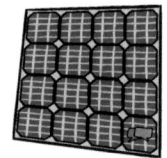

panel surya

солнечная батарея

iklim

климат

pemandangan - ландшафт

restauran
ресторан

pelayan
официант
daftar makanan
меню
kursi
стул
sup
суп
pizza
пицца
taplak
скатерть
peralatan makan
столовые приборы

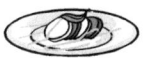

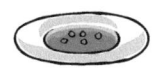

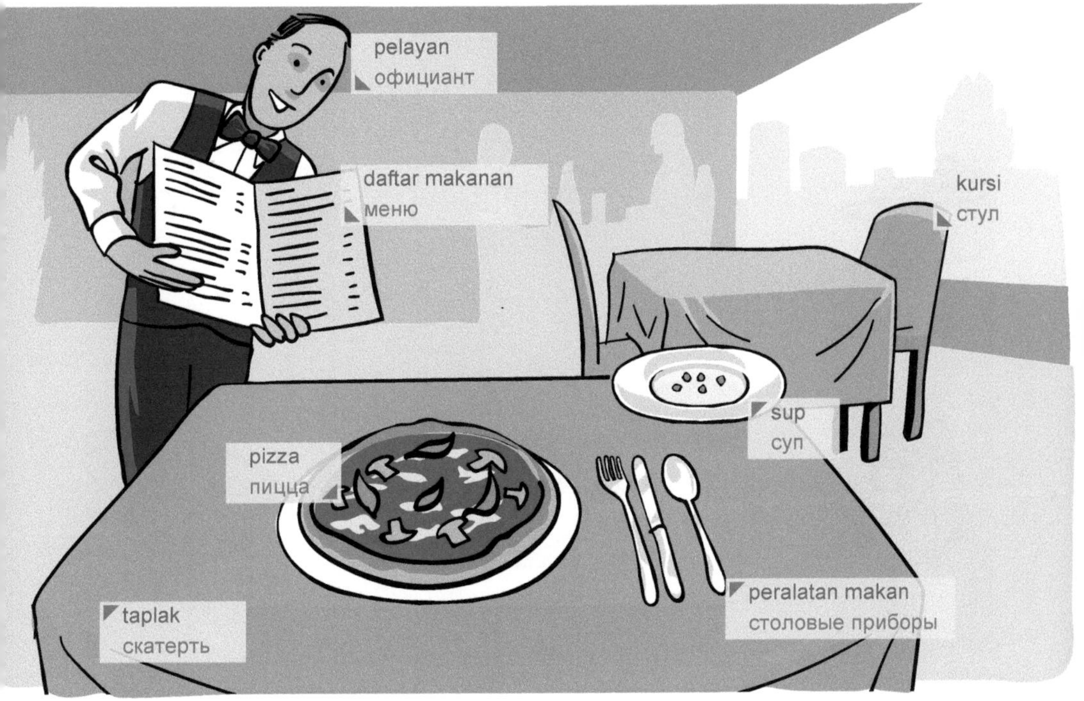

hindangan pembuka

закуска

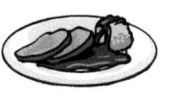

hidangan utama

главное блюдо

hidangan penutup

десерт

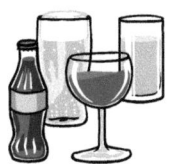

minuman

напитки

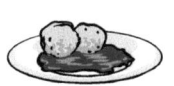

makanan

еда

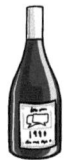

botol

бутылка

fastfood

фастфуд

masakan jalanan

уличная еда

teko teh

чайник

kaleng gula

сахарница

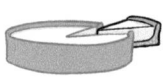

porsi

порция

mesin espresso

кофеварка

kursi tinggi

детский стульчик

tagihan

счет

baki

поднос

pisau

нож

garpu

вилка

sendok

ложка

sendok teh

чайная ложка

serbet

салфетка

gelas

стакан

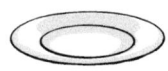

piring

тарелка

piring sup

суповая тарелка

lepek

блюдце

saus

соус

tempat garam

солонка

gilingan merica

мельница для перца

cuka

уксус

minyak

масло

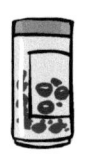

bumbu

специи

saus tomat

кетчуп

mustar

горчица

mayones

майонез

supermarket

супермаркет

penawaran khusus
специальное предложение
FOR
klien
покупатель
produk susu
молочные продукты
buah
фрукты
troli
тележка для покупок

BUTCHERS

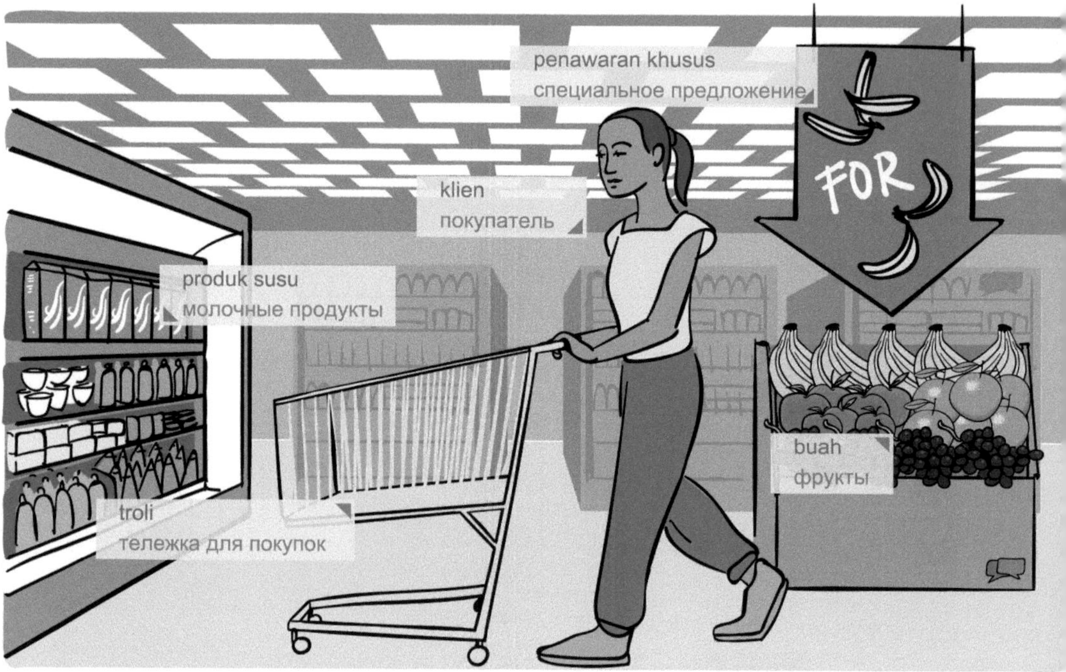

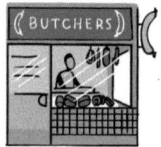

pembantai

мясной магазин

BAKERY

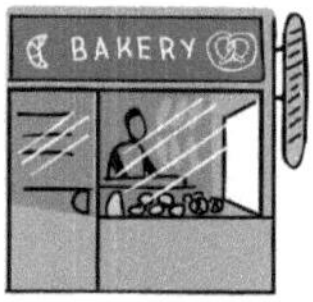

toko roti

пекарня

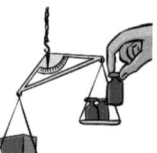

menimbang

взвешивать

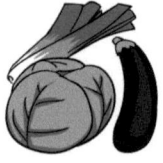

sayur

овощи

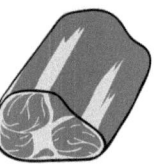

daging

мясо

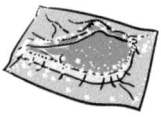

makanan beku

быстрозамороженные продукты

pemotongan dingin

нарезка

makanan kaleng

консервы

sabun serbuk

стиральный порошок

permen

сладости

alat-alat rumah tangga

предмет домашнего
обихода

obat pembersihan

моющее средство

penjual

продавщица

kasa

касса

kasir

кассир

daftar belanja

список покупок

jam buka

время работы

dompet

бумажник

kartu kredit

кредитная карточка

tas

сумка

kantong plastik

полиэтиленовый пакет

air

вода

jus

сок

susu

молоко

cola

кока-кола

anggur

вино

bir

пиво

alkohol

алкоголь

coklat

какао

teh

чай

kopi

кофе

espresso

эспрессо

cappucino

капучино

pisang

банан

apel

яблоко

jeruk

апельсин

semangka

арбуз

jeruk lemon

лимон

wortel

морковь

bawang putih

чеснок

bambu

бамбук

bawang bombai

лук

jamur

гриб

kacang

орехи

mi

лапша

spagetti

спагетти

nasi

рис

salat

салат

kentang goreng

картофель фри

kentang goreng

жареный картофель

pizza

пицца

hamburger

гамбургер

sandwich

сэндвич

sayatan

шницель

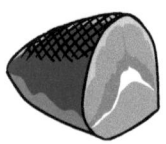

ham

ветчина

salami

салями

sosis

колбаса

ayam

курица

menggoreng

жаркое

ikan

рыба

bubur gandum

овсяные хлопья

sereal

мюсли

cornflakes

кукурузные хлопья

tepung

мука

croissant

круассан

roti

булочка

roti

хлеб

toast

тост

biskuit

печенье

mentega

масло

dadih

творог

kue

пирог

telur

яйцо

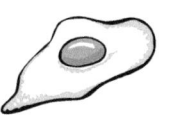

telur goreng

яичница

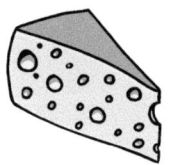

keju

сыр

eskrim

мороженое

gula

сахар

madu

мёд

selai

мармелад

krim nugat

крем с нугой

kare

карри

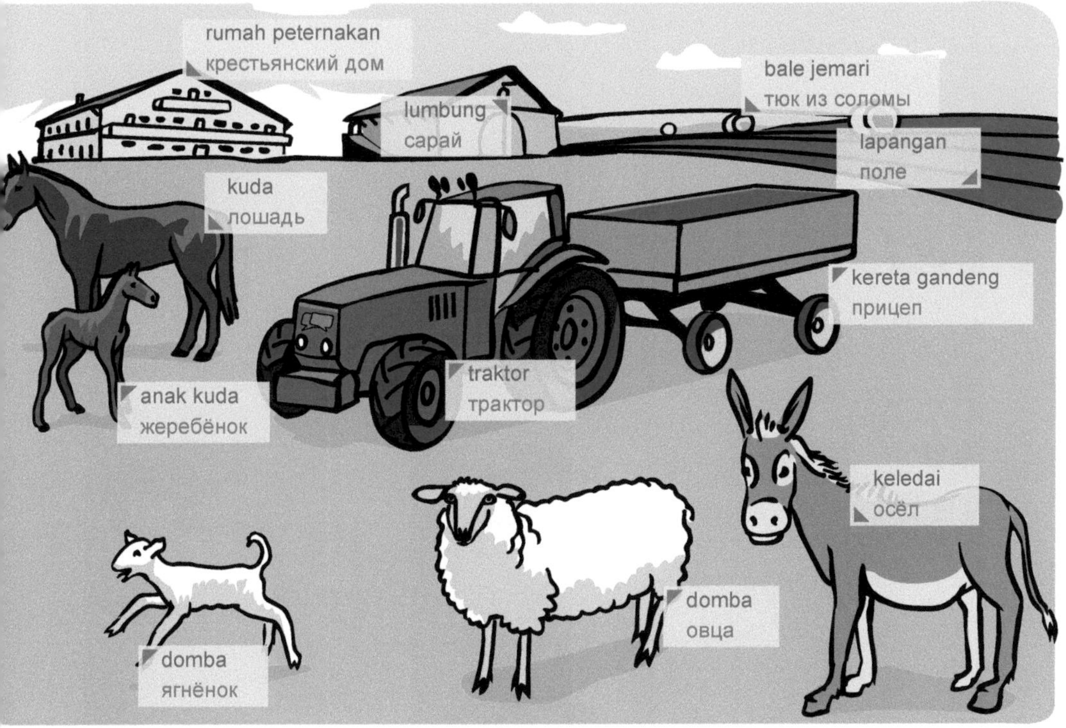

rumah peternakan
крестьянский дом

lumbung
сарай

bale jemari
тюк из соломы

kuda
лошадь

lapangan
поле

kereta gandeng
прицеп

anak kuda
жеребёнок

traktor
трактор

keledai
осёл

domba
ягнёнок

domba
овца

kambing

коза

sapi

корова

betis

телёнок

babi

свинья

celeng

поросёнок

banteng

бык

angsa

гусь

bebek

утка

anak ayam

цыплёнок

ayam

курица

ayam jantan

петух

tikus

крыса

kucing

кошка

tikus

мышь

lembu

вол

anjing

собака

rumah anjing

конура

selang

садовый шланг

penyiram

лейка

sabit

коса

bajak

плуг

sabit

серп

cangkul

мотыга

garpu rumput

навозные вилы

kapak

топор

gerobak

тачка

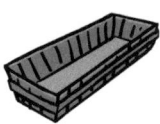

palung

корыто

kaleng susu

бидон для молока

karung

мешок

pagar

забор

kandang

хлев

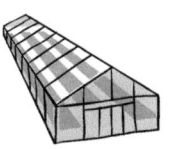

rumah kaca

теплица

tanah

почва

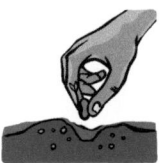

benih

посев

pupuk

удобрение

mesin pemanen

комбайн

panen

собирать урожай

panen

урожай

yams

ямс

gandum

пшеница

kedelai

соя

kentang

картофель

jagung

кукуруза

lobak

рапс

pohon buah

фруктовое дерево

singkong

маниок

sereal

злаки

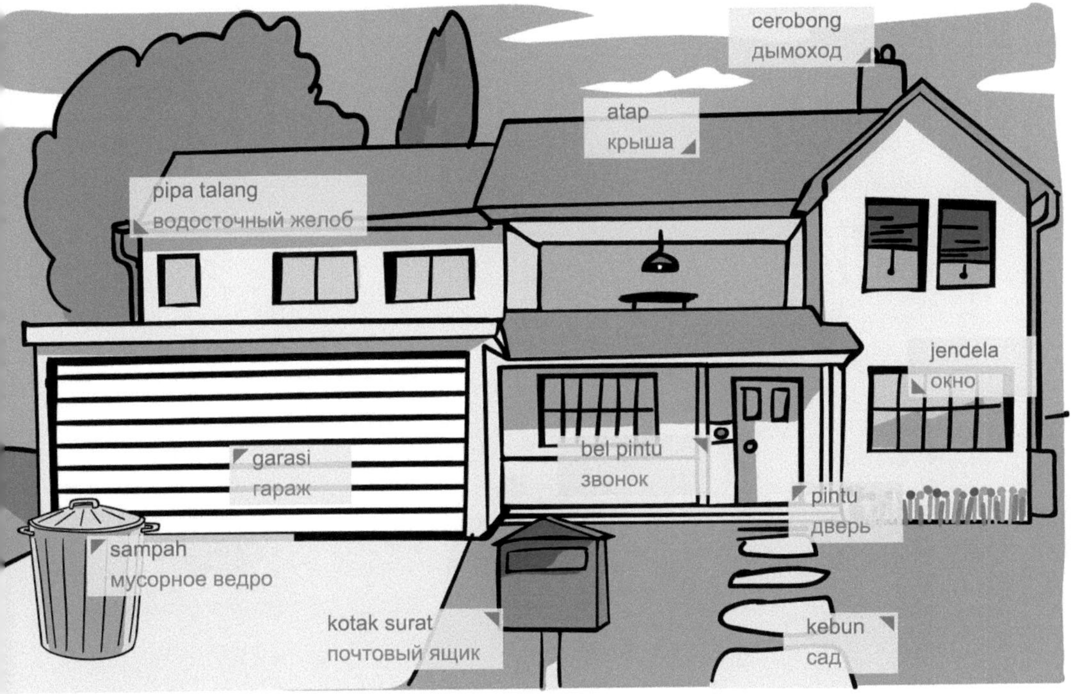

cerobong
дымоход

atap
крыша

pipa talang
водосточный желоб

jendela
окно

garasi
гараж

bel pintu
звонок

pintu
дверь

sampah
мусорное ведро

kotak surat
почтовый ящик

kebun
сад

ruang tamu

гостиная

kamar mandi

ванная комната

dapur

кухня

kamar tidur

спальня

kamar anak

детская комната

kamar makan

столовая

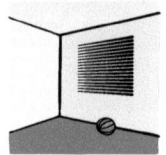

lantai

пол

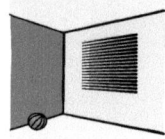

tembok

стена

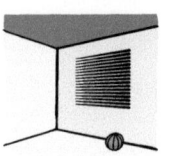

atap

потолок

gudang di bawah tanah

подвал

sauna

сауна

balkon

балкон

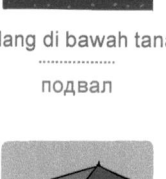

teras

терраса

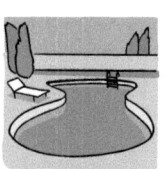

kolam renang

бассейн

mesin pemotong rumput

газонокосилка

sprei

пододеяльник

selimut

покрывало

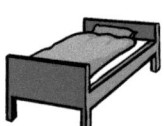

tempat tidur

кровать

sapu

метла

ember

ведро

tombol

выключатель

ruang tamu

гостиная

kertas dinding
обои
gambar
рисунок
lampu
лампа
rak
полка
kabinet
шкаф
televisi
телевизор
perapian
камин
bunga
цветок
bantal
подушка
sofa
диван
vas
ваза
remote control
пульт дистанционного управления

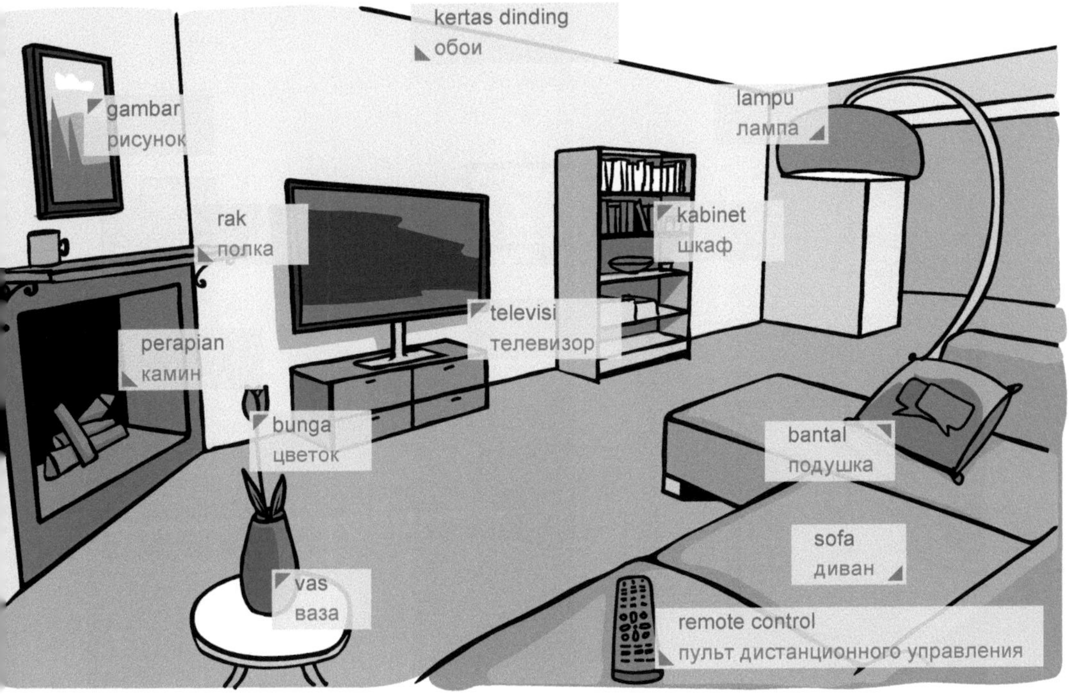

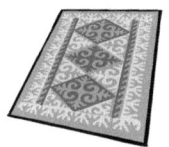

karpet

ковёр

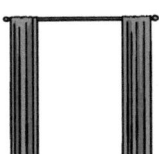

korden

штора

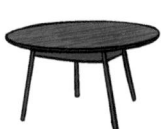

meja

стол

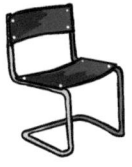

kursi

стул

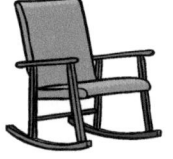

kursi goyang

кресло-качалка

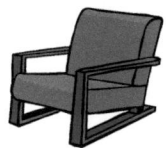

kursi malas

кресло

buku

книга

selimut

покрывало

dekorasi

украшение

kayu bakar

дрова

filem

фильм

hi-fi

стереосистема

kunci

ключ

koran

газета

lukisan

картина

poster

плакат

radio

радио

buku tulis

блокнот

penyedot debu

пылесос

kaktus

кактус

lilin

свеча

dapur

кухня

kulkas
холодильник
mesin pemanggang
микроволновая печь
timbangan
кухонные весы
pemanggang roti
тостер
deterjen
моющее средство
kompor
духовка
lemari es
морозилка
sampah
мусорное ведро
mesin pencuci piring
посудомоечная машина

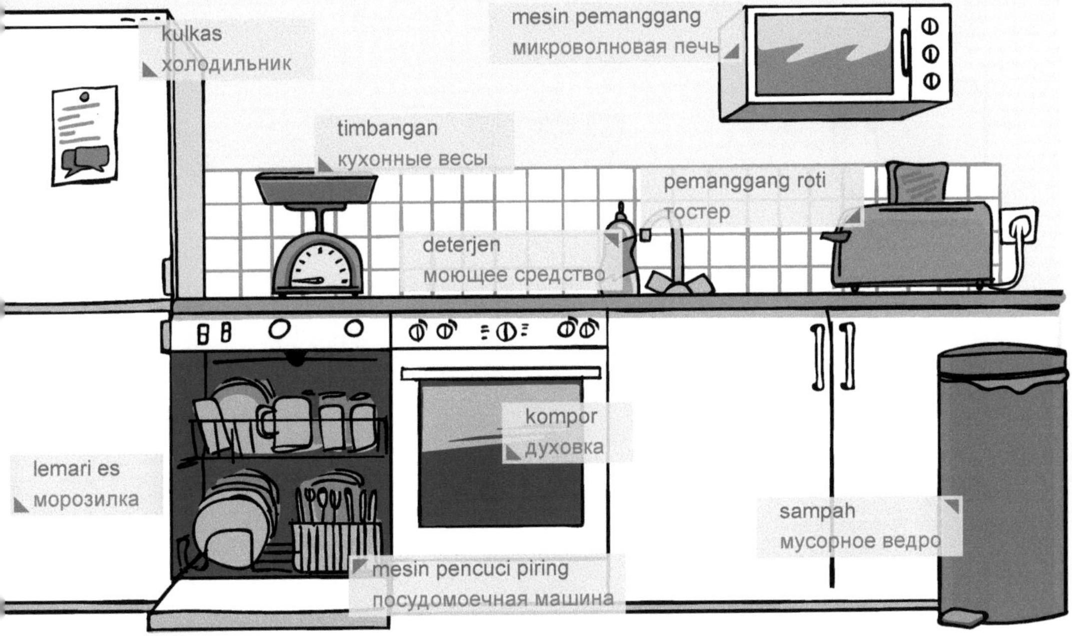

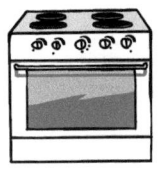

kompor

плита

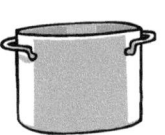

panci

кастрюля

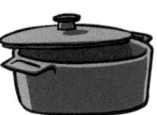

panci besi

чугунный котелок

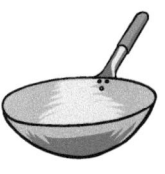

wajan

вок / кадай

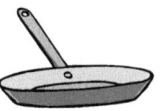

panci

сковорода

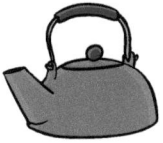

pemanas air

чайник

panci pengukus makanan

пароварка

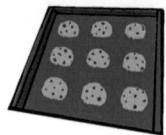

nampan

противень

piring

посуда

cangkir

кружка

mangkok

миска

sumpit

палочки для еды

sendok sup

половник

sudip

лопатка

mengocok

сбивалка

saringan

сито

saringan

сито

parutan

тёрка

mortir

ступка

barbeque

гриль

api terbuka

костёр

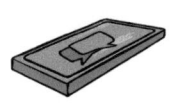

papan memotong

доска

gilingan

скалка

alat pembuka botol

штопор

kaleng

жестяная банка

pembuka kaleng

консервный нож

pegangan panci

прихватка

wastafel

раковина

sikat

щетка

busa

губка

mesin pencampur

миксер

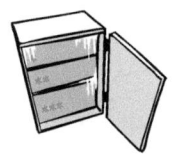

lemari es

морозильная камера

botol bayi

бутылочка для кормления

keran

кран

kamar mandi

ванная комната

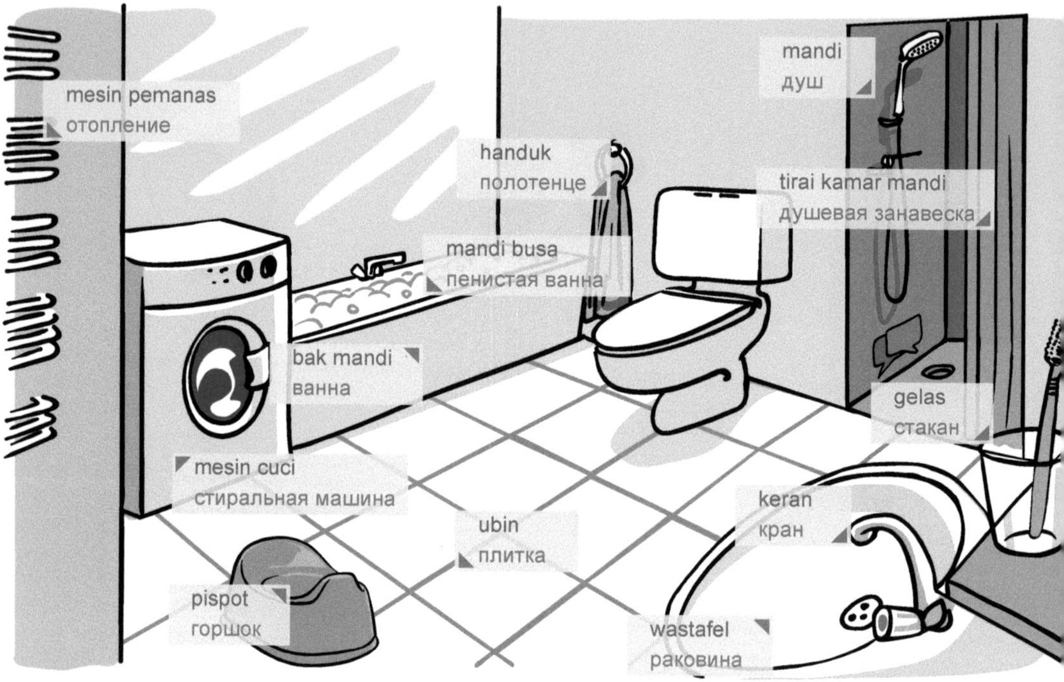

mandi
душ
mesin pemanas
отопление
handuk
полотенце
tirai kamar mandi
душевая занавеска
mandi busa
пенистая ванна
bak mandi
ванна
gelas
стакан
mesin cuci
стиральная машина
keran
кран
ubin
плитка
pispot
горшок
wastafel
раковина

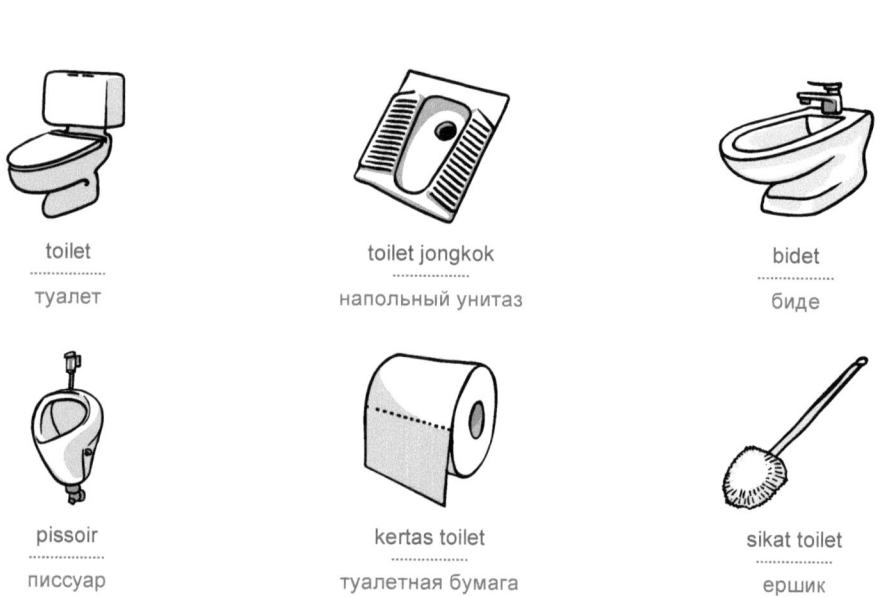

toilet

туалет

toilet jongkok

напольный унитаз

bidet

биде

pissoir

писсуар

kertas toilet

туалетная бумага

sikat toilet

ершик

sikat gigi

зубная щётка

pasta gigi

зубная паста

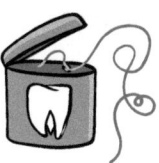

benang gigi

зубная нить

menyuci

мыть

pancuran tangan

ручной душ

pancuran

интимный душ

bak

таз

sikat punggung

щётка для спины

sabun

мыло

gel mandi

гель для душа

sampo

шампунь

planel

мочалка

kuras

сток

krim

крем

deodoran

дезодорант

kaca

зеркало

cermin tangan

ручное зеркало

pisau cukur

бритва

busa cukur

пена для бритья

aftershave

лосьон после бритья

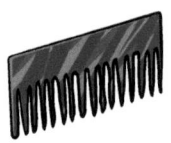

sisir

расческа

sikat

щетка

alat pengering rambut

фен

semprot rambut

лак для волос

makeup

косметика

lipstik

губная помада

cat kuku

лак для ногтей

kapas

вата

gunting kuku

маникюрные ножницы

minyak wangi

духи

kantong pencuci

косметичка

bangku

табуретка

timbangan

весы

mantel mandi

халат

sarung tangan karet

резиновые перчатки

tampon

тампон

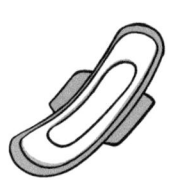

handuk pembalut

гигиеническая прокладка

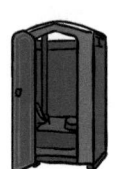

toilet kimia

биотуалет

kamar anak

детская комната

jam alarm
будильник
boneka tidur
мягкая игрушка
mobil-mobilan
игрушечный автомобиль
kelintung
погремушка
rumah boneka
кукольный домик
kado
подарок

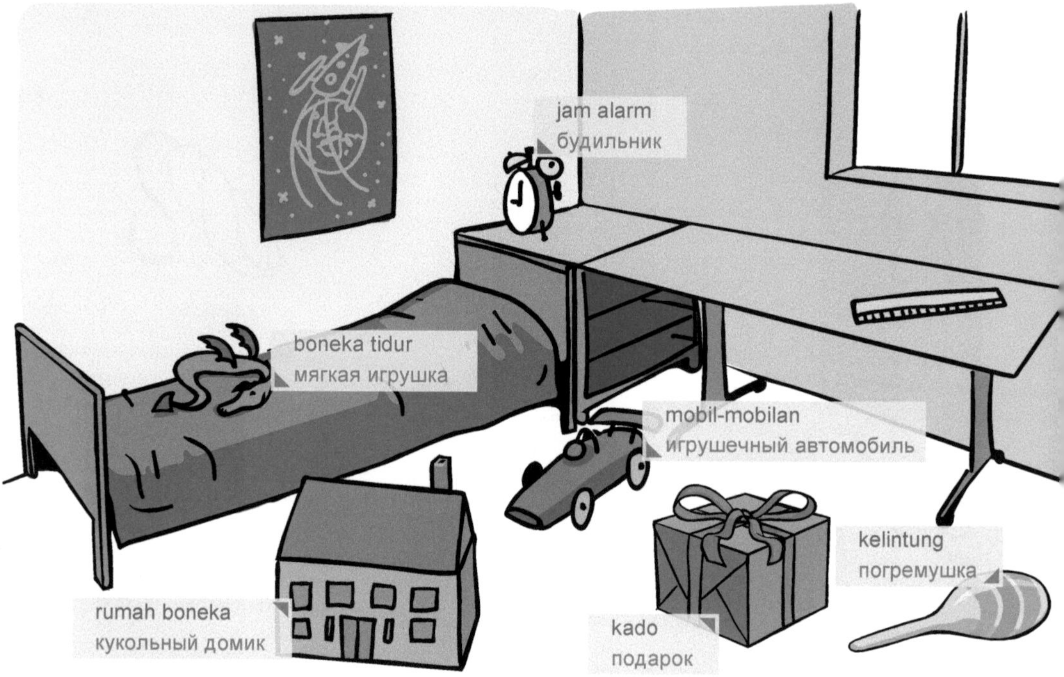

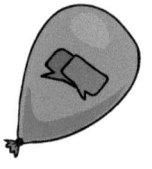

balon

воздушный шар

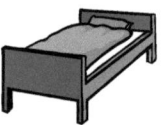

tempat tidur

кровать

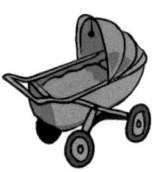

kereta bayi

детская коляска

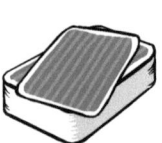

mainan kartu

карточная игра

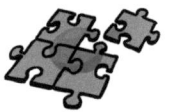

teka-teki

пазл

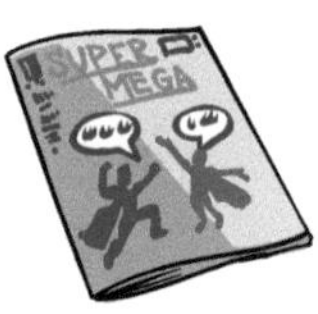

komik

комикс

mainan lego

кирпичики Лего

blok mainan

кубики

figur aksi

игрушечная фигурка

baju monyet

ползунки

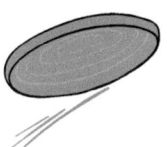

frisbee

фрисби

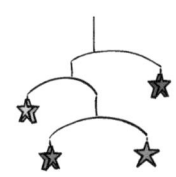

mobile

мобиле

permainan papan

настольная игра

dadu

кубик

set model kreta api

модель железной дороги

dot

соска

pesta

вечеринка

buku gambar

книга с картинками

bola

мяч

boneka

кукла

bermain

играть

tempat main pasir

песочница

ayunan

качели

mainan

игрушка

video game konsol

игровая приставка

sepeda roda tiga

трёхколесный велосипед

teddy

плюшевый медвежонок

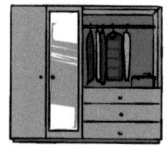

lemari pakaian

шкаф для одежды

pakaian

одежда

kaos kaki

носки

kaos kaki

чулки

baju ketat

колготки

syal
шарф

sabuk
ремень

payung
зонтик

kaos
футболка

sepatu bot
сапоги

sandal
тапки

sepatu
кроссовки

sandal
....
сандалии

sepatu
....
ботинки

sepatu bot karet
....
резиновые сапоги

celana dalam
....
трусы

BH
....
бюстгальтер

baju rompi
....
майка

pakaian - одежда

body
боди

celana
брюки

jeans
джинсы

rok
юбка

blus
блузка

kemeja
рубашка

aket berkerudung
свитер

sweater
свитер

jaket
спортивная куртка

jaket
жакет

mantel
пальто

jas hujan
плащ

kostum
костюм

gaun
платье

gaun pengantin
свадебное платье

setelan resmi

мужской костюм

gaun tidur

ночная сорочка

piyama

пижама

sari

сари

jilbab

платок

turban

тюрбан

burka

паранджа

kaftan

кафтан

abaya

абайя

pakaian renang

купальник

celana renang

плавки

celana pendek

шорты

olah raga

спортивный костюм

celemek

фартук

sarung tangan

перчатки

kancing

пуговица

kacamata

очки

gelang

браслет

kalung

цепочка

cincin

кольцо

anting

серьга

topi

шапка

gantungan mantel

вешалка

topi

шляпа

dasi

галстук

ritsleting

застежка молния

helm

шлем

tali selempang

подтяжки

seragam sekolah

школьная форма

seragam

форма

pakaian - одежда

oto

детский нагрудник

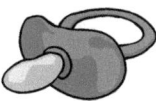

dot

соска

popok

подгузник

kantor

офис

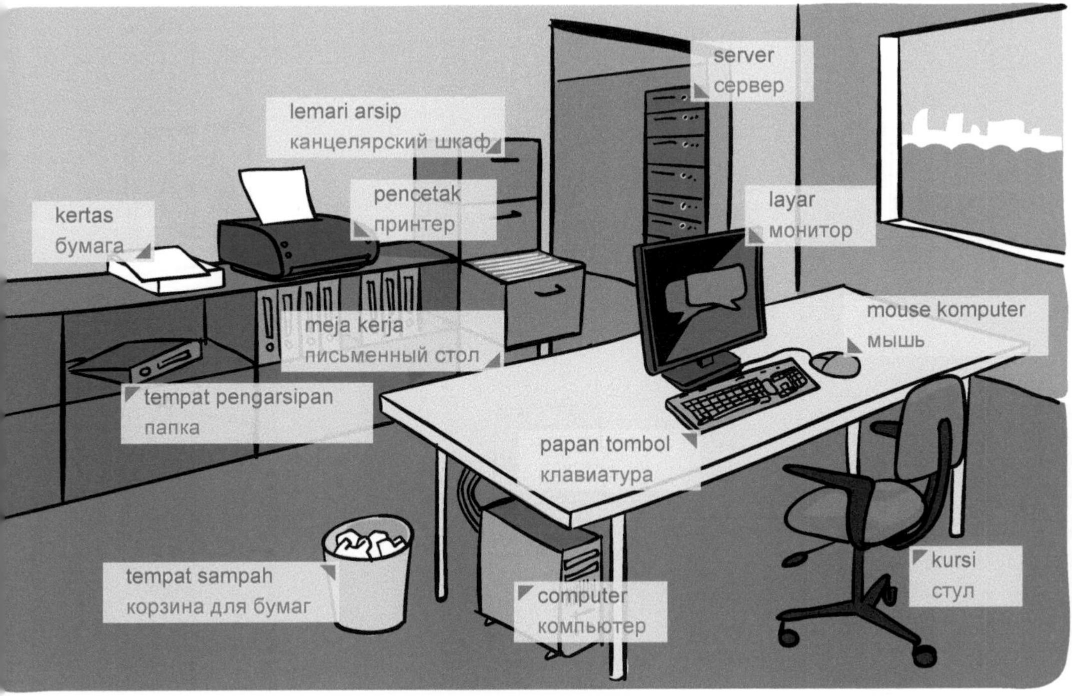

server
сервер

lemari arsip
канцелярский шкаф

pencetak
принтер

kertas
бумага

layar
монитор

mouse komputer
мышь

meja kerja
письменный стол

tempat pengarsipan
папка

papan tombol
клавиатура

tempat sampah
корзина для бумаг

computer
компьютер

kursi
стул

cangkir kopi

кофейная кружка

kalkulator

калькулятор

internet

интернет

laptop

ноутбук

surat

письмо

pesan

сообщение

telepon seluler

мобильный телефон

jaringan

сеть

fotokopi

ксерокс

software

программа

telepon

телефон

plug soket

розетка

mesin fax

факс

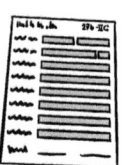

formulir

формуляр

dokumen

документ

membeli

покупать

membayar

платить

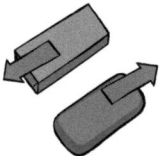

berdagang

торговать

uang

деньги

Dollar

доллар

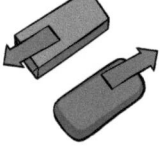

Euro

евро

Yen

иена

Rubel

рубль

Franc Swiss

франк

Renminbi Yuan

жэньминьби юань

Rupiah

рупия

ATM

банкомат

kantor pertukaran mata uang

пункт обмена валюты

emas

золото

perak

серебро

minyak

нефть

energi

энергия

harga

цена

kontrak

договор

pajak

налог

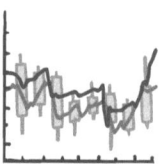

saham

акция

bekerja

работать

karyawan

служащий

majikan

работодатель

pabrik

фабрика

toko

магазин

ekonomi - экономика

pekerjaan
профессии

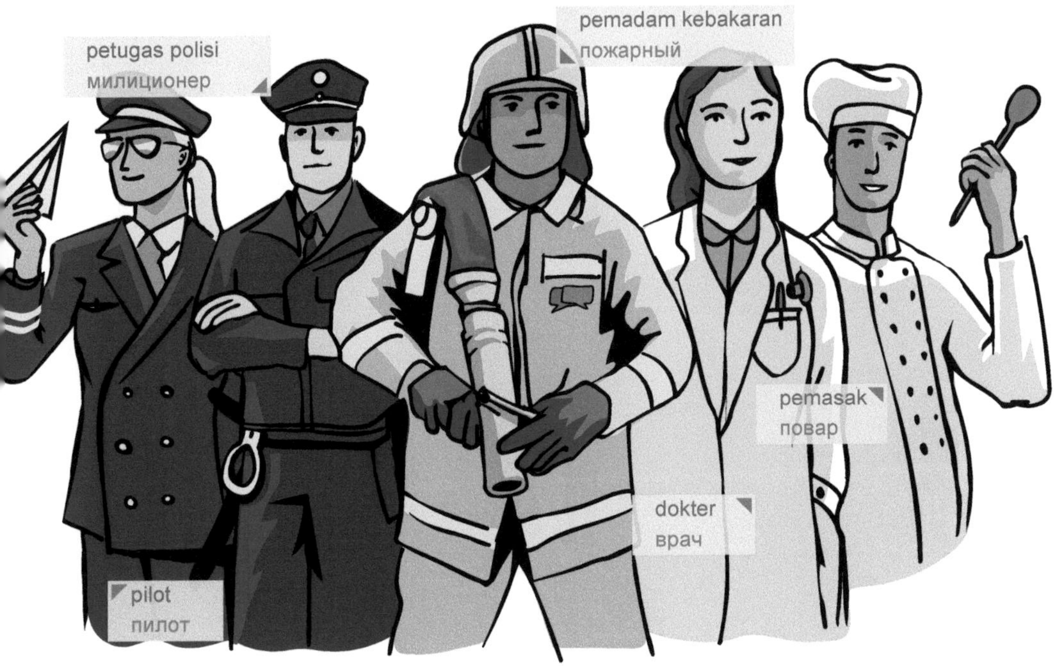
petugas polisi
милиционер
pemadam kebakaran
пожарный
pemasak
повар
dokter
врач
pilot
пилот

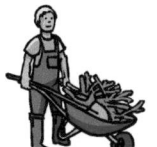

tukan kebun

садовник

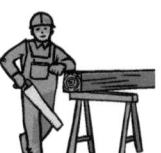

tukang kayu

столяр

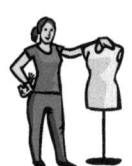

penjahit wanita

швея

hakim

судья

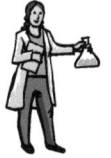

ahli kimia

химик

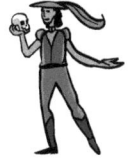

aktor

актёр

sopir bis

водитель автобуса

sopir taksi

таксист

nelayan

рыбак

pembantu

уборщица

tukang atap

кровельщик

pelayan

официант

pemburu

охотник

pelukis

художник

tukang roti

пекарь

tukang listrik

электрик

pembangun

строитель

insinyur

инженер

tukang daging

мясник

tukang ledeng

сантехник

tukang pos

почтальон

tentara

солдат

arsitek

архитектор

kasir

кассир

penjual bunga

флорист

penata rambut

парикмахер

konduktor

кондуктор

montir

механик

kapten

капитан

dokter gigi

зубной врач

ilmuwan

ученый

rabbi

раввин

imam

имам

biarawan

монах

pendeta

священник

alat

инструменты

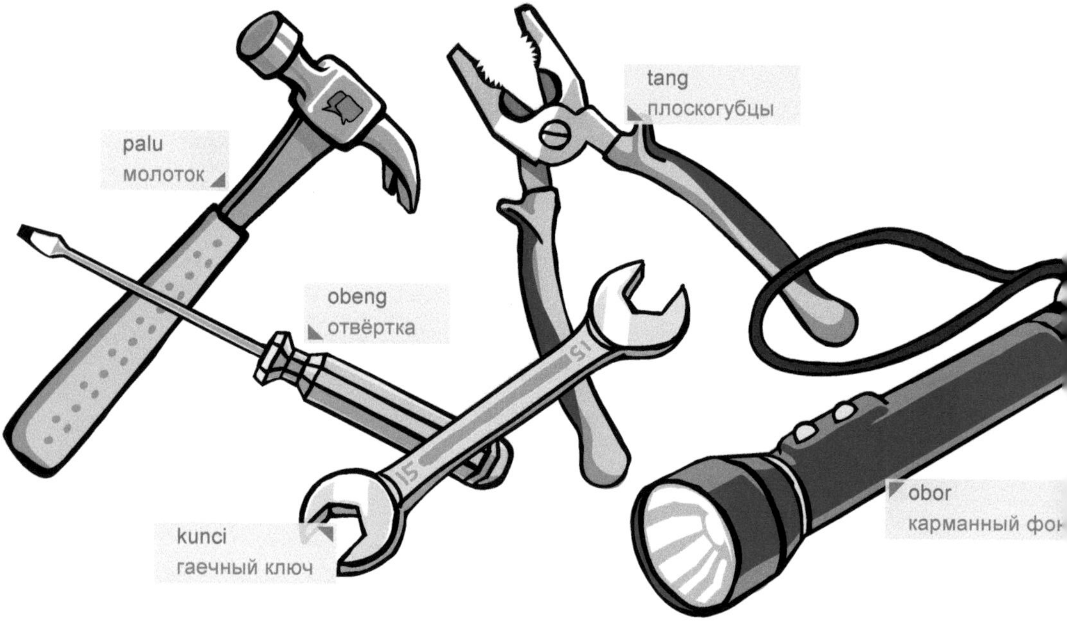

palu
молоток
tang
плоскогубцы
obeng
отвёртка
kunci
гаечный ключ
obor
карманный фо

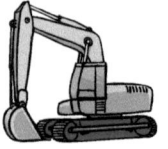

penggali

экскаватор

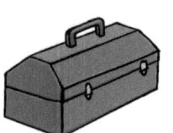

tas perkakas

ящик для инструментов

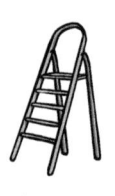

tangga

стремянка

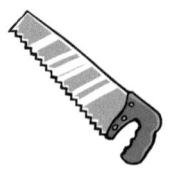

gergaji

пила

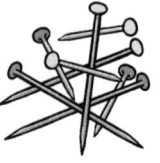

paku

гвозди

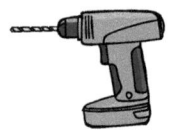

bor

дрель

perbaikan

ремонтировать

sekop

лопата

Sialan!

Блин!

cikrak

совок

pot cat

ведро с краской

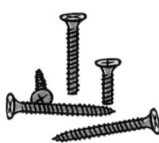

sekrup

винты

alat musik
музыкальные инструменты

pengeras suara
громкоговоритель

alat drum
ударный инструмент

gitar
гитара

bas
контрабас

trompet
труба

piano

пианино

violin

скрипка

bass

бас-гитара

tambur

литавры

drum

барабан

keyboard

синтезатор

saksofon

саксофон

suling

флейта

mikrofon

микрофон

alat musik - музыкальные инструменты

kebun binatang

зоопарк

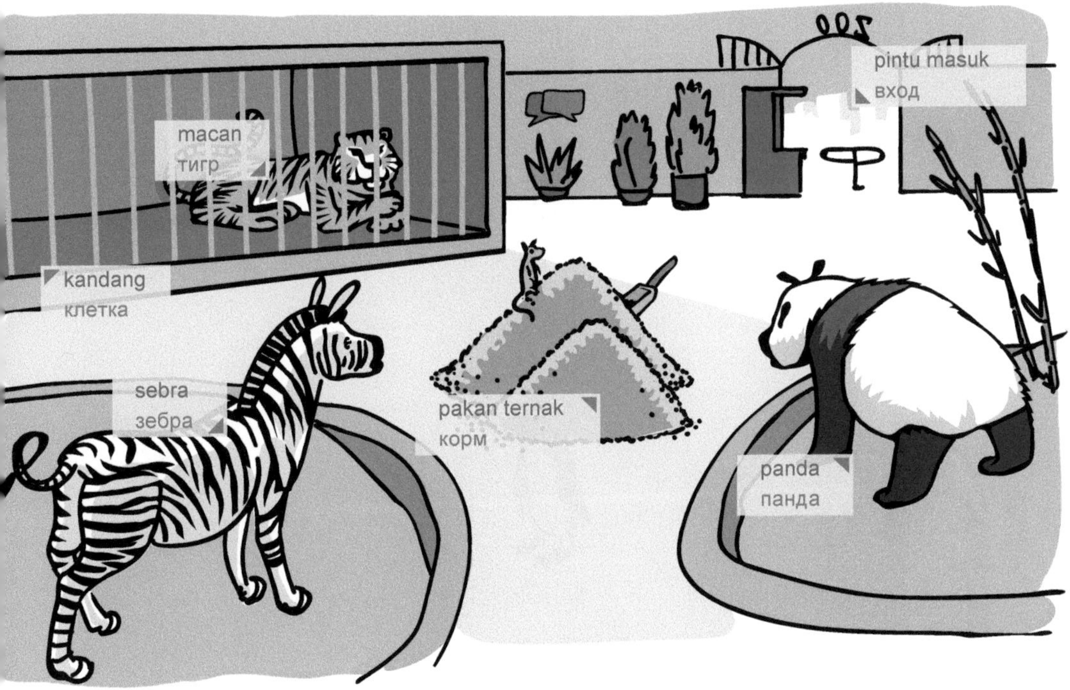

pintu masuk
вход
macan
тигр
kandang
клетка
sebra
зебра
pakan ternak
корм
panda
панда

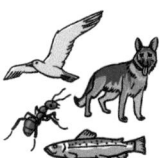

hewan

животные

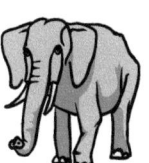

gajah

слон

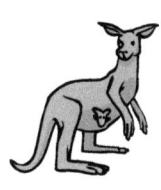

kanguru

кенгуру

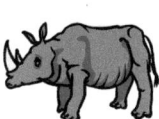

badak

носорог

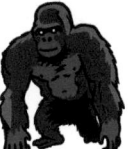

gorila

горилла

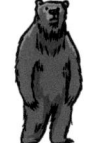

beruang

медведь

unta

верблюд

burung unta

страус

singa

лев

monyet

обезьяна

flamingo

фламинго

burung beo

попугай

beruang polar

белый медведь

penguin

пингвин

hiu

акула

merak

павлин

ular

змея

buaya

крокодил

penjaga kebun binatang

служитель зоопарка

segel

тюлень

jaguar

ягуар

kuda poni

пони

macan tutul

леопард

kuda nil

бегемот

jerapah

жираф

burung elang

орёл

babi jantan

кабан

ikan

рыба

kura-kura

черепаха

anjing laut

морж

rubah

лиса

kijang

газель

american football
американский футбол

naik sepeda
езда на велосипеде

tennis
теннис

basketbal
баскетбол

bernang
плавание

tinju
бокс

hoki es
хоккей

sepak bola
футбол

badminton
бадминтон

atletik
лёгкая атлетика

bola tangan
гандбол

main ski
лыжный спорт

polo
поло

aktivitas
действия

meloncat
прыгать
memeluk
обнимать
ketawa
смеяться
berjalan
идти
menyanyi
петь
mengimpi
мечтать
berdoa
молиться
mencium
целовать

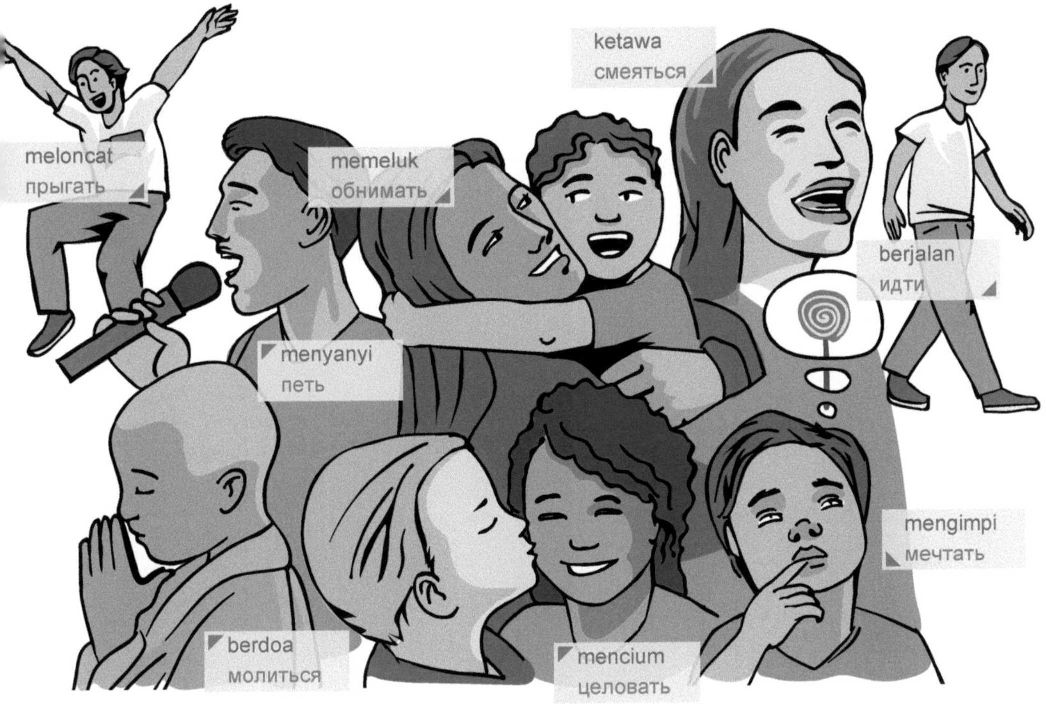

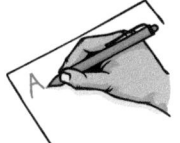

menulis
писать

melukis
рисовать

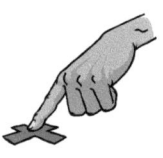

menunjuk
показывать

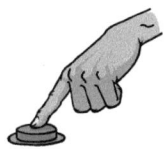

mendorong
нажимать

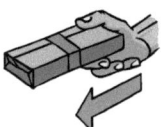

memberikan
давать

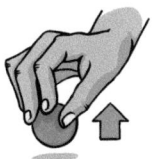

mengambil
брать

mempunyai

иметь

melakukan

делать

adalah

быть

berdiri

стоять

berlari

бежать

menarik

тянуть

melempar

бросать

jatuh

падать

tidur

лежать

menunggu

ждать

membawa

носить

duduk

сидеть

berpakaian

надевать

tidur

спать

bangun

просыпаться

melihat

рассматривать

menangis

плакать

mengelus

гладить

menyisir

причесывать

berbicara

говорить

mengerti

понимать

menanyak

спрашивать

mendengar

слушать

minum

пить

makan

кушать

merapikan

наводить порядок

cinta

любить

memasak

готовить

menyetir

ехать

terbang

летать

aktivitas - действия

berlayar

ходить под парусом

menghitung

считать

membaca

читать

belajar

учиться

bekerja

работать

menikah

вступать в брак

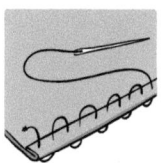

menjahit

шить

sikat gigi

чистить зубы

membunuh

убивать

merokok

курить

kirim

отправлять

nenek
бабушка

kakek
дедушка

bapak
папа

ibu
мама

bayi
младенец

putri
дочь

putra
сын

tamu

гость

bibi

тетя

paman

дядя

kakak laki

брат

kakak perempuan

сестра

badan

тело

dahi
лоб
mata
глаз
bahu
плечо
jari
палец
muka
лицо
dagu
подбородок
tangan
кисть
payudara
грудь
kaki
нога
lengan
рука

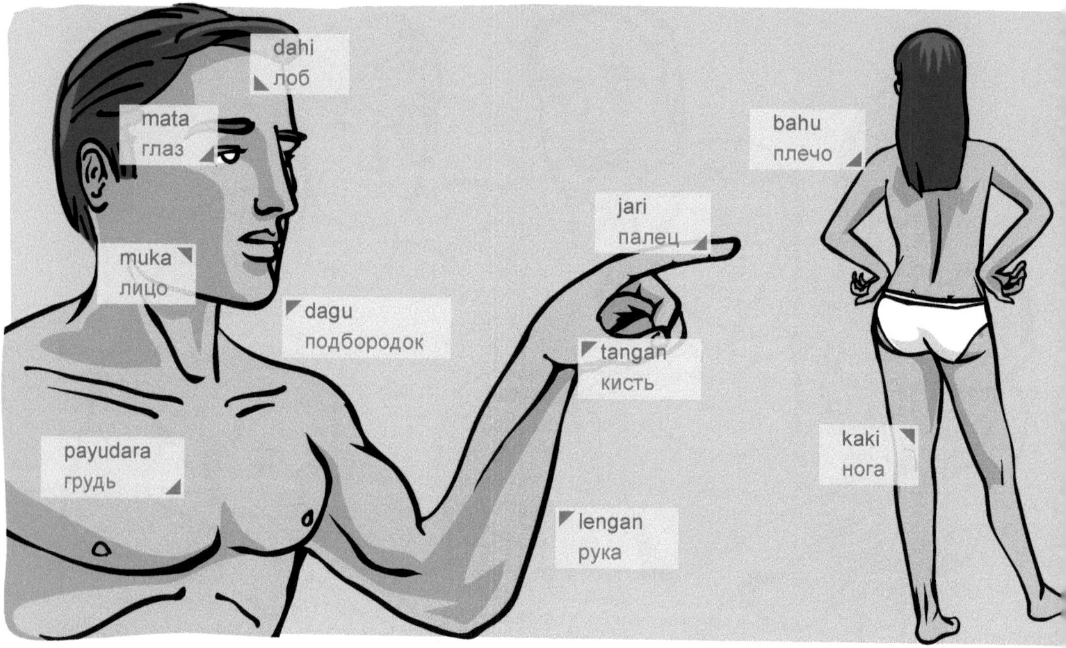

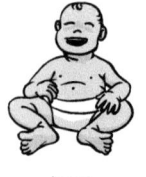

bayi

младенец

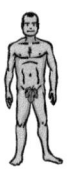

pria

мужчина

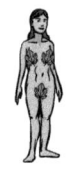

wanita

женщина

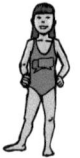

perempuan

девочка

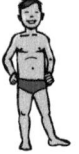

laki

мальчик

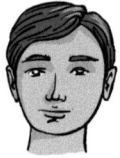

kepala

голова

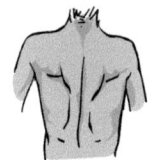

punggung

спина

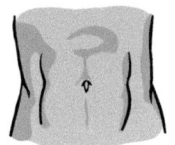

perut

живот

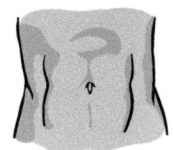

pusar

пупок

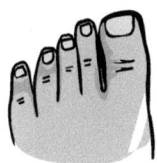

toe

палец ноги

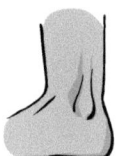

tumit

пятка

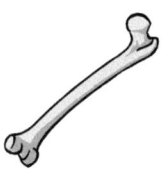

tulang

кость

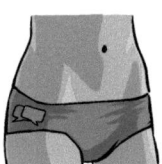

pinggang

бедро

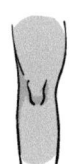

lutut

колено

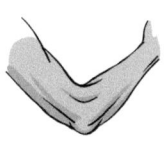

siku

локоть

hidung

нос

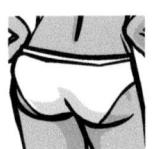

pantat

ягодицы

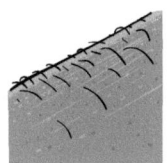

kulit

кожа

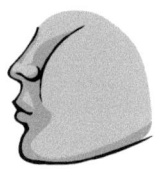

pipi

щека

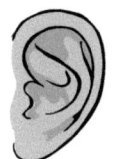

telinga

ухо

bibir

губа

badan - тело

mulut

рот

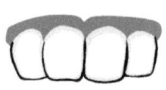

gigi

зуб

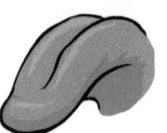

lidah

язык

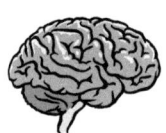

otak

мозг

jantung

сердце

otot

мышца

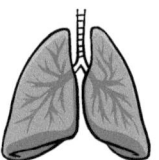

paru-paru

лёгкое

hati

печень

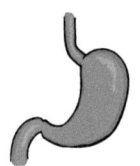

stomach

желудок

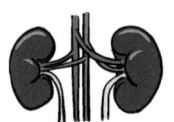

ginjal

почки

hubungan seks

половой акт

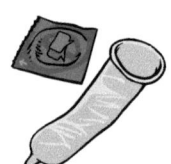

kondom

презерватив

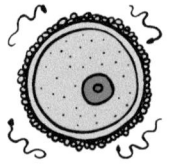

sel telur

яйцеклетка

sperma

сперма

kehamilan

беременность

badan - тело

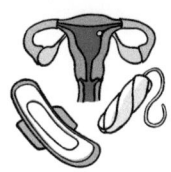

menstruasi
менструация

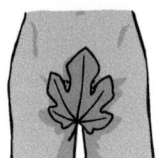

vagina
вагина

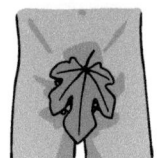

penis
пенис

alis
бровь

rambut
волосы

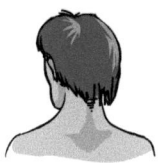

leher
шея

rumah sakit
больница

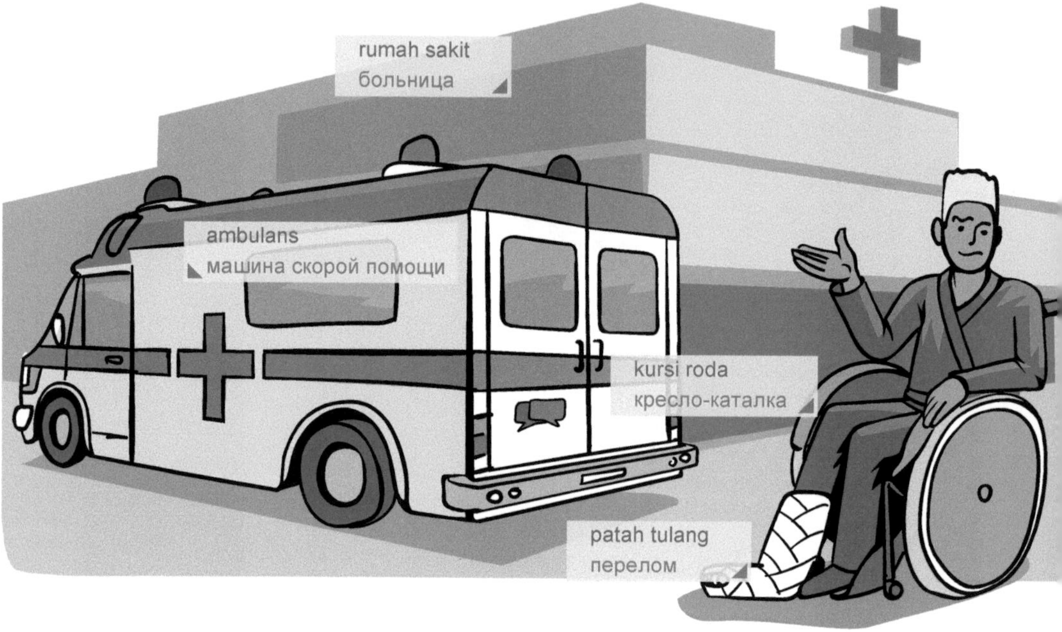

rumah sakit
больница
ambulans
машина скорой помощи
kursi roda
кресло-каталка
patah tulang
перелом

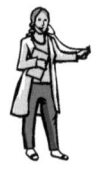

dokter

врач

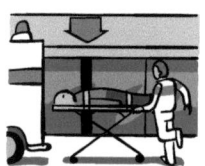

ruang darurat

пункт первой помощи

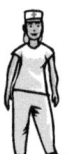

perawat

медсестра

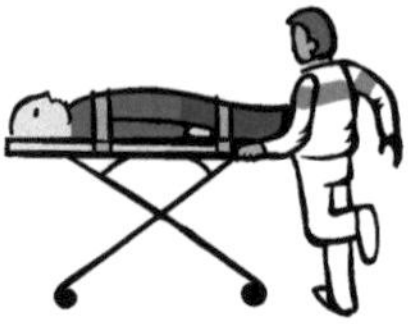

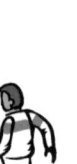

darurat

неотложный случай

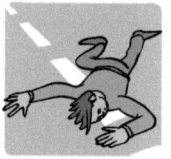

semaput

без сознания

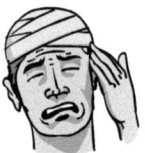

sakit

боль

cedera

повреждение

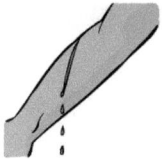

perdarahan

кровотечение

serangan jantung

инфаркт

stroke

инсульт

alergi

аллергия

batuk

кашель

demam

повышенная температура

flu

грипп

diare

понос

sakit kepala

головная боль

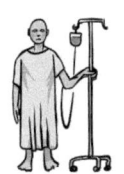

kanker

рак

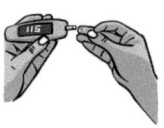

diabetes

диабет

ahli bedah

хирург

pisau bedah

скальпель

operasi

операция

CT
КТ

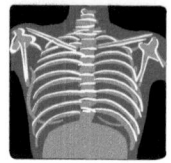

sinar x
рентген

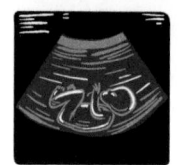

usg
ультразвук

topeng
маска

penyakit
болезнь

ruang tunggu
приёмная

penyokong
костыль

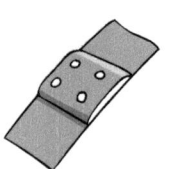

plester
пластырь

perban
бинт

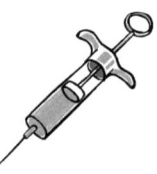

injeksi
укол

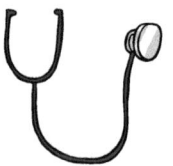

stetoskop
стетоскоп

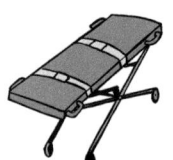

usungan
носилки

termometer klinis
термометр

kelahiran
рождение

kelebihan berat badan
избыточный вес

alat pendengar

слуховой аппарат

desinfektan

дезинфекционное
средство

infeksi

инфекция

virus

вирус

HIV / AIDS

ВИЧ / СПИД

obat

лекарство

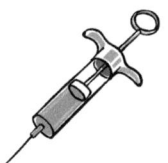

vaksinasi

прививка

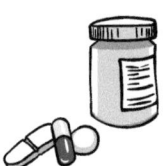

tablet

таблетки

pil

противозачаточная
таблетка

panggilan darurat

экстренный вызов

ukur tekanan darah

прибор для измерения
кровяного давления

sakit / sehat

больной / здоровый

rumah sakit - больница

Tolong!

Помогите!

alarm

сигнал тревоги

penyerbuan

нападение

serangan

атака

bahaya

опасность

pintu darurat

запасной выход

Api!

Пожар!

alat pemadam kebakaran

огнетушитель

kecelakaan

несчастный случай

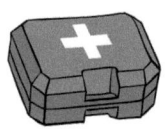

kit pertolongan pertama

аптечка

SOS

SOS

polisi

милиция

Eropa

Европа

Amerika Utara

Северная Америка

Amerika Selatan

Южная Америка

Afrika

Африка

Asia

Азия

Australi

Австралия

Atlantik

Атлантический океан

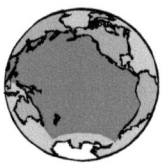

Pasifik

Тихий океан

Samudra India

Индийский океан

Samudra Antartika

Антарктический океан

Samudra Arktik

Северный Ледовитый
океан

kutub utara

Северный полюс

kutub selatan

Южный полюс

Antarktika

Антарктика

bumi

земля

tanah

суша

laut

море

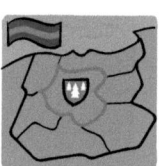

pulau

остров

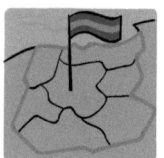

bangsa

нация

negara

государство

bumi - земля

jam wajah

циферблат

jarum pendek

часовая стрелка

jarum menit

минутная стрелка

jarum detik

секундная стрелка

Jam berapa?

Который час?

hari

день

waktu

время

sekarang

сейчас

jam digital

электронные часы

menit

минута

jam

час

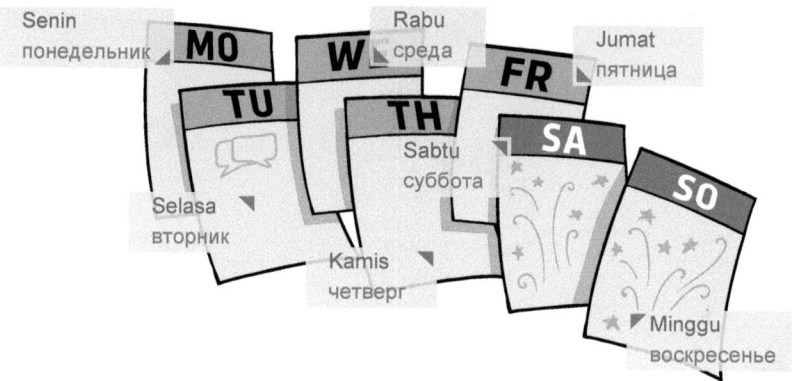

Senin
понедельник

Rabu
среда

Jumat
пятница

Selasa
вторник

Kamis
четверг

Sabtu
суббота

Minggu
воскресенье

kemaren

вчера

hari ini

сегодня

besok

завтра

pagi

утро

siang

полдень

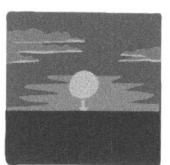

malam

вечер

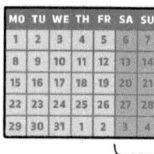

hari kerja

рабочие дни

akhir minggu

выходные

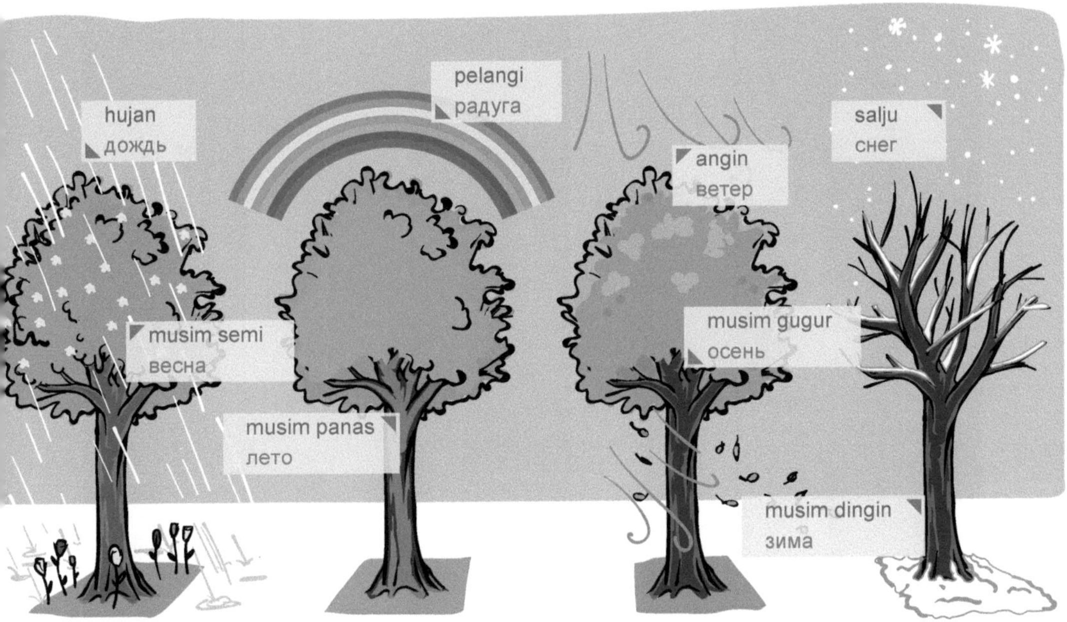
hujan
дождь
pelangi
радуга
angin
ветер
salju
снег
musim semi
весна
musim gugur
осень
musim panas
лето
musim dingin
зима

4.APRIL 11°
5.APRIL 4°
6.APRIL 13°
7.APRIL 8°
8.APRIL 10°

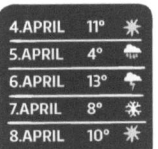

ramalan cuaca

прогноз погоды

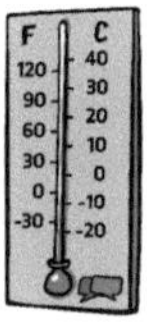
F C
120 40
90 30
60 20
30 10
0 0
-30 -10
-20

termometer

термометр

matahari

солнечный свет

awan

туча

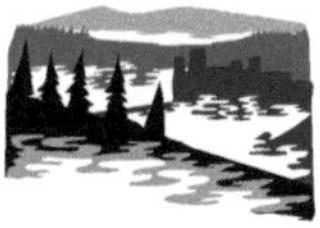

kabut

туман

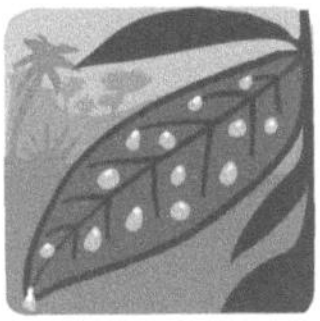

kelembahan

влажность воздуха

kilat

молния

guntur

гром

badai

буря

hujan es

град

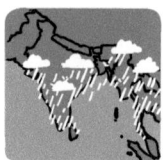

monsun

муссон

banjir

наводнение

es

лёд

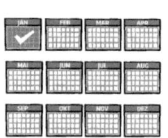

Januari

январь

Februari

февраль

Maret

март

April

апрель

Mei

май

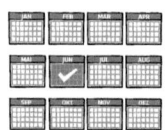

Juni

июнь

Juli

июль

Agustus

август

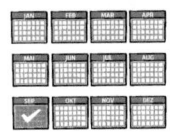

September
....
сентябрь

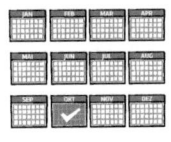

Oktober
....
октябрь

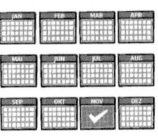

November
....
ноябрь

Desember
....
декабрь

bentuk

формы

lingkaran
....
круг

persegi
....
квадрат

persegi panjang
....
прямоугольник

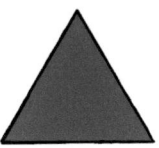

segi tiga
....
треугольник

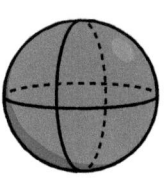

bola
....
шар

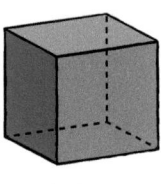

kubus
....
куб

putih

белый

kuning

желтый

oranye

оранжевый

pink

розовый

merah

красный

ungu

лиловый

biru

синий

hijau

зелёный

coklat

коричневый

abu-abu

серый

hitam

черный

banyak / sedikit

много / мало

marah / tenang

яростный / мирный

cantik / jelek

красивый / уродливый

mulaih / selesai

начало / конец

besar / kecil

большой / маленький

terang / gelap

светлый / темный

saudara laki-laki / saudara perempuan

брат / сестра

bersih / kotor

чистый / грязный

lengkap / tidak lengkap

полный / неполный

hari / malam

день / ночь

mati / hidup

мёртвый / живой

luas / sempit

широкий / узкий

dapat dimakan / tidak dapat
dimakan

съедобный / несъедобный

jahat / baik

злой / дружелюбный

bersemangat / bosan

взволнованный /
скучающий

gemuk / kurus

толстый / худой

pertama / terakhir

сначала / в конце

teman / musuh

друг / враг

penuh / kosong

полный / пустой

keras / lembut

твёрдый / мягкий

berat / enteng

тяжёлый / легкий

lapar / haus

голод / жажда

sakit / sehat

больной / здоровый

ilegal / legal

незаконный / законный

cerdas / bodoh

умный / глупый

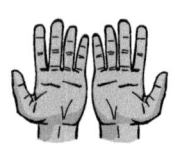

kiri / kanan

слева / справа

dekat / jauh

близко / далеко

baru / bekas

новый / подержанный

tidak ada apapun / sesuatu

ничто / нечто

tua / muda

старый / молодой

nyala / mati

включено / выключено

buka / tutup

открыто / закрыто

tenang / keras

тихо / громко

kaya / miskin

богатый / бедный

benar / salah

правильный /
неправильный

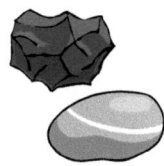

kasar / halus

шероховатый / гладкий

sedih / gembira

печальный / счастливый

pendek / panjang

короткий / длинный

pelan-pelan / cepat

медленный / быстрый

basah / kering

мокрый / сухой

hangat / sejuk

тёплый / прохладный

perang / damai

война / мир

---

berlawanan - противоположности

0

nol

ноль

1

satu

один

2

dua

два

3

tiga

три

4

empat

четыре

5

lima

пять

6

enam

шесть

7

tujuh

семь

8

delapan

восемь

9

sembilan

девять

10

sepuluh

десять

11

sebelas

одиннадцать

12	13	14
duabelas	**tigabelas**	**empatbelas**
двенадцать	тринадцать	четырнадцать

15	16	17
limabelas	**enambelas**	**tujuhbelas**
пятнадцать	шестнадцать	семнадцать

18	19	20
delapanbelas	**sembilanbelas**	**duapuluh**
восемнадцать	девятнадцать	двадцать

100	1.000	1.000.000
seratus	**seribu**	**juta**
сто	тысяча	миллион

bahasa-bahasa
ЯЗЫКИ

Inggris

английский

bahasa Inggris Amerika

американский английский

bahasa Cina Mandarin

мандаринский китайский

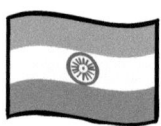

bahasa Hindi

хинди

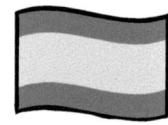

bahasa Spanyol

испанский

bahasa Perancis

французский

bahasa Arab

арабский

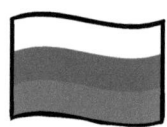

bahasa Rusia

русский

bahasa Portugis

португальский

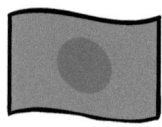

bahasa Bengal

бенгальский

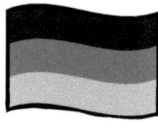

bahasa Jerman

немецкий

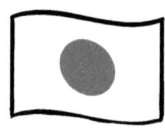

bahasa Jepang

японский

saya

я

kamu

ты

dia

он / она / оно

kita

мы

kalian

вы

mereka

они

siapa?

кто?

apa?

что?

begaimana?

как?

dimana?

где?

kapan?

когда?

nama

имя

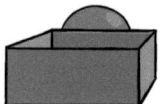

dibelakang

за

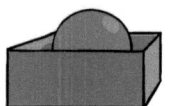

di

в

didepan

перед

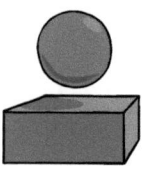

diatas

над

diatas

на

dibawah

под

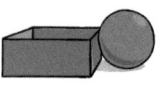

sebelah

рядом

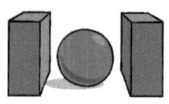

di antara

между

tempat

место